olivia wartha

wellengang

gedichte

Bibliografische Informationen der Deutschen
Nationalbibliothek: Die Deutsche Nationalbibliothek
verzeichnet diese Publikation in der Deutschen
Nationalbibliografie; detaillierte bibliografische Daten
sind im Internet unter http://dnb.dnb.de abrufbar.

© 2015 Olivia Wartha (Freitag ist Rosa)

Umschlaggestaltung: Der Atomat

Herstellung und Verlag:
BoD – Books on Demand, Norderstedt

ISBN: 978-3-7347-6503-2

teil 1:

wellengang 2:
schwach bewegte see, kurze wellen
windstärke 2/3

nachts

nachts
verdichtet sich
das universum.
und
wir träumen.

wir träumen
der mond sähe uns an
und fände uns schön.
wie wir schlafen.
wie wir atmen.
wie wir sind.

wie wir sind
wenn wir
nichts
sein wollen.

zu trostlos

zu trostlos.

kannst du mir
etwas farbe schenken?

ich denke, blau
wäre gut.

etwas meer oder
ein bisschen vom himmel.

es ist auch in ordnung,
wenn noch ein fisch darin schwimmt
oder eine wolke daran hängt.

weißt du
ich bin nicht sehr wählerisch
in solchen dingen.

wir

wir spucken sterne in die nacht

eine galaxie

erschaffen wir
mit nur einer umarmung

was

was könntest du antworten
würde ich dir erzählen
dass ich eigentlich
nur neugierig bin
dass ich nur
deshalb
manchmal
so unruhig bin
weil ich wissen möchte
wie alles weitergeht
[...]
meine gedanken
dein satz
meine gefühle
dein blick
meine antwort
[...]
unser leben

was könntest du mir antworten
was mich ruhig stimmen würde?

denkst du, es gäbe da etwas?

manchmal

manchmal
sehnt man sich
nach dem tosenden meer

weil es so
ungekünstelt und
unwiderstehlich ist

im juni muss man nacktbaden

im juni muss man nacktbaden,
was soll man auch sonst machen.

bald ist es so weit, zieh alles aus,
reiß den verband vom herzen.

wie weit ist der ozean?
wie groß ist die sehnsucht?

bin kein wort, das schwarz gedruckt
auf papier steht, kann mich noch regen.

bin eher ein ton, den die meeresbrise
aus einem alten flaschenhals holt.

das meer lässt alles frei.

ich brumme über dem wasser.
spiele walgesang.

und fliege mit den wellen.

manche tage

manche tage
wollen nicht
enden.

die stunden
lösen sich
nicht von mir.

klammern sich fest
wie regentropfen
an blattkanten.

nehme die stunden
in den arm.
und streichle sie sanft.

warte mit ihnen.
bis ich sie
dir vorstellen kann.

gerade

gerade.
möchte ich.
nur zuhören.
nichts verstehen.
oder antworten.
müssen.

auf dem rücken liegend.
treibe ich entlang.
deiner stimme.

verlass mich nicht

verlass mich nicht
zu hastig

wenn

deck mich
mit morgennebel zu

besuch mich wieder
heute nacht

doch

schleich dich
still in meinen traum

manchmal

manchmal
sind worte nicht
dafür gemacht
auf papier zu stehen.

manchmal
muss man sie flüstern.
alleine.
gegen den wind.

damit er sie
mitnehmen
und
abliefern kann.

meine gedanken

meine gedanken sind vögel.
wild zwitschernd.
im sturzflug.
zu dir.

was

was ich dir damals schrieb
kann
heute nicht mehr gelten

aber du warst mir
mein
liebstes weites tiefes meer

doch immer etwas
kleiner
als meine sehnsucht nach dir

die sonne

die sonne wirft
den umriss der stille
auf meine offene hand

reflex und neugier
greifen zu

der schatten
legt sich nur leise
über meine faust

etwas in mir
summt
oder klingt

ein gedanke?
ein gefühl?
es lässt sich nicht benennen

manches muss nackt bleiben
weil es nur dann ehrlich ist

man darf nicht alles
in worte
kleiden

vielleicht

vielleicht sollte man einfach
nur ruhig sitzen bleiben
und abwarten, was das
leben mit einem vorhat

vielleicht sollte man aber
auch genau das gegenteil tun
man weiß es nicht
man weiß so vieles nicht

haiku

und wenn du stein bist,
warte ich in dir, manchmal
summe ich leise

wartend

wartend am fenster

mit ganz viel geduld
und ganz wenig eile.

blau strömt herein und
verfärbt das bettzeug.

eine wolke sieht aus
wie meine gedanken.

am waldesrand
kauert die liebe.

zwischen dem silberblatt
und dem wiesensalbei.

ich lasse ihr zeit
mein fenster steht offen.

all das

all das, was du nicht sagst
hör ich am liebsten
gedanke an gedanke
lausche ich dir

welle sein

welle sein
bei sich ankommen
wieder und wieder und wieder

herbstgedicht

denke
jedes gefallene blatt
als ein einst gesprochenes wort

während wir
im bunten herbstwald
umher spazieren

unsere schritte rascheln in gesagtem
rauschen durch erzählte geschichten
und gestellte fragen

ein windstoß bläst einen
liebesschwur wild
auseinander

du ziehst deinen
mantelkragen höher
und wischst einige seiner worte

von deiner schulter

ein juniabend im dezember

ein juniabend im dezember.
die welt hat mehr leichtigkeit
als man ihr zutraut.
das leben eine richtung
und aus deinen augen
blitzt frohsinn.

es braucht keine orte
um sich zu treffen.
ferne kleidet sich
in erinnerungen
bis sie ganz nackt ist.
und verschwindet.
das tagträumen
wird zwar übermütig
doch hält es sanft
all seine versprechen.

und sonst

und sonst
zwitschern die vögel
ich denke
es zwitschern die vögel
denn draußen
ist frühling
ich vermute zumindest
es ist frühling
aber ich weiß
nichts mehr
ganz sicher
es könnte alles
auch ganz anders sein

was einem übrig bleibt

was einem übrig bleibt?
zu lächeln.
und in zunächst
fremden herzen
eine zweite heimat
finden.

lächle einmal.
nur für
dich.

ein tauschhandel

ein tauschhandel
der blicke
auf knirschendem eis

wird deine hand halten
was unser schweigen
versprach

teil 2:

wellengang 7:
hohe see, wellenberge, gischt,
schaumstreifen, rollend
windstärke 8

überlegungen

sind all die worte
nur ein versuch die
sehnsucht nach stille
zu fassen zu bekommen?

ist das das leben
an einem ort zu sitzen
und mit den gedanken
ganz woanders zu sein?

nichts

nichts verlässt uns ganz
manch zitterndes nachklingen
wird nur leiser im ton
manch anderes lauter

wie immer
es die zeit
beschließt

die landschaft

die landschaft schläft
ihren traum.
schnee fällt auch
auf meine seele.
alles liegt weiß
zufrieden und still.

nur mein
dunkelrotes herz
trommelt frierend und wild.

die gravitation

die gravitation lässt auf sich warten.
ich treibe ziellos durch den
nachthimmel.

versuche zufrieden zu sein,
während ich umher schwebe. so könnten
gute tage

enden. doch eigentlich mag man
das unspektakuläre und die wärme im
eigenen bett.

mein blick dreht sich
mit der erde wieder und wieder ums
eigene

befinden. doch viel
zu fern bin ich mir, dass selbst
wolkenwirbel,

ozeane und kontinentalplatten
nur ungestüm und antwortslos in
einander verschwimmen.

dann

dann plötzlich
platzregnet es.
erinnerungen.

treibe fort.
coriolis
umfasst mich.

wir tanzen.
drehen uns.
unendlich.

wir
gedanken-
strudeln.

die zeit

die zeit hat verblassen lassen
was ich aus ihr heraus
fest an die brust gedrückt
mit mir nehmen wollte

ein paar worte, deutliches
schwarz auf weiß, finden sich noch
an einigen hängt er, nach wie vor
der leise duft eines gefühls

gleichwohl, nichts greifbares
wir schwinden

wie flüchtig

wie flüchtig ist unser
letztes gespräch
und
wie verständlich ist dir
mein schweigen

wie vermeidest du es an
damals zu denken
und
wie nah ist dir mein atem
in einsamer nacht

antworte mir leise
in den wind
er wird
die antworten
zu mir tragen

wieder nachts

wieder nachts

wachsen gefühle
wie efeuranken

brusteinwärts
und weiter

entscheidungen fallen
im dunkeln

wie bumerange
oder porzellan

die gedankenzieharmonika
spielt heute

nur ganz
zaghaft ihre töne

in

in meinem
norden
flimmerst du
als polarstern

manchmal tags
manchmal nachts

die sehnsucht
brennt einem
ein loch
in die
brust

wann immer
es ihr passt

ansonsten:
"du siehst alt aus
wenn du traurig bist"

doch:

"sag nicht traurig,
wenn du einsam meinst"

im rückspiegel

im rückspiegel die sonne
und eine ganze stadt

fast alles kann klein werden
durch entfernung und zeit

nur du, du wirst nie
in nur einen satz passen

bleibe liegen

bleibe liegen
aus den rolladenritzen
schlüpft licht

es kommt näher
schleicht über die füße
bis in mein gesicht

ganz schwerelos
und warm legt es sich
auf mich

es wird nicht bleiben
ich denke
an dich

im

im hintersten winkel meines herzens
zu dem kein verstand durchdringt
perlen gedanken tropfen
unablässig und lautlos
von den meterhohen wänden

fledermäuse
umfliegen mich

in unzähligen stalaktiten
denk ich an dich

wir ziehen uns zurück

wir ziehen uns zurück
der mond und ich
bis wir nurmehr einander gehören

meine lippen sind zu schwer
und die des mondes zu fern
um die entstandene stille zu stören

gemeinsam betrachten wir die
vorbeiziehende nacht
und wandern selbst in ihr umher

doch wenn einer von uns
in erinnerungen versinkt
dann hält ihn der andere fest

an der hand

ich denke

ich denke gerade an
komplizierte dinge
so
wie liebe
an orten oberhalb des polarkreises
wo die sonne nicht untergeht
doch küssen und händchenhalten
draußen zu risikoreich
und nur im inneren möglich ist
und
daran wie viel einfacher
liebe hier sein sollte
und
trotzdem nicht ist

schmiege mich

schmiege mich
an die beiden gesichter
der nacht.

doch der schlaf bleibt aus.
übergänge sind holprig.
das liegt in ihrer natur.

will abbiegen und wegtreiben.
den etwasmehralshalbmond-mond
berühr'n.

haiku

ist und bleibt es doch
ein wilder fluss, das leben
mitreißend und blau

jede nacht

jede nacht
wird zum morgen

und auch dies
ist ein abschied

lass uns wieder
leicht werden

lass uns wieder
weiterziehen

nie waren wir mehr
als ein windhauch

und kein luftzug
wird sich je wiederholen

doch in gedanken
streifte ich deine wange

daran werde ich mich
immer erinnern

auch und besonders
im morgengrauen

wind

wind blas'
in mein segel und
trag mich hinaus

die einsamkeit
ängstigt mich
nicht

ist längst
eine alte
bekannte

gemeinsam
treiben
wir

weitere
tausend jahre
umher

dass

dass neben deinem namen
noch ein lächeln in mir wohnt
dass manchmal dort licht brennt
und ein schatten vom balkon winkt

das alles wäre vielleicht noch zu sagen
vielleicht wäre es aber auch zu
verschweigen

vielleicht

vielleicht

ob

ob dein lächeln
ein versprechen war?

die überlegung rot
die sehnsucht blau

meine gedanken
werden lila
oder nenn' es violett

kleine veilchen
im gedankengestrüpp

im irgendwo

im irgendwo.
am abendhimmel hängt ein mond.
aber reicht das an bekanntem?

ich erinnere mich.
an so vieles.
doch gerade nicht an mich.

wo wollte ich hin?
war ich auf dem weg?
oder wartete ich?

ich setze mich.
der mond leistet gesellschaft.
doch er scheint nicht gesprächig.

im stillen halbdunkeln
keimt hoffnung auf.
oder sture verträumtheit?

der, der mich liebt
wird mich suchen und
nach hause bringen.

ganz nah

ganz nah sind wir nur zwei
die sich im kreis drehen

etwas weiter weg
werden wir zu einem
tanzenden paar

noch ferner
und wir verschmelzen
leuchten als heller punkt
der ganze generationen
von seefahrern
durch das dunkel
leiten kann

meine fragen

meine fragen
finden keine
antworten

freunde mich
mit den
fragen an

gemeinsam
schauen wir
in den himmel

die wolken
wollen nicht
helfen

sagen ja
sagen nein

lasse mich
von den fragen
umarmen

und nachts
in den schlaf
wiegen

als

als ich dich
wiedersah
flogen
all die erinnerungen
wie durchsichtige vögel
aufgescheucht
ganz aufgeregt
um mich herum

ich hoffe
du verstehst nun
wieso ich dich nicht
umarmen konnte
der vogelschwarm
war mir im weg
er ließ mich nicht durch
dabei wollte ich es

so sehr

der wind

der wind ist
eingeschlafen.
du kannst noch etwas
bei mir bleiben.

erst morgen früh
wird er uns wieder
in unterschiedliche
richtungen wehen.

übermorgen ist

übermorgen ist.
und unsere
gemeinsame zeit
vergangen.

uns von den
körpern geglitten.
unter meine haut
gerutscht.

deshalb und aber
liege ich hier
mich erinnernd.

für immer.

senryū

balanciere nun
auf der gedankenschnur hier
von mir bis zu dir

du bist fern

du bist fern
genug
als dass
ich dich
spüren kann

als dass
die halbe welt
die zwischen
uns steht
für einige
momente
verschwindet

wo immer
du bist
wo auch
immer du
hin willst
erinnere dich
und
nimm
den umweg
über mich

gestern nacht

gestern nacht, als der regen
deinen umriss aufs dach trommelte
war mir so
als ob

als ob
der regen auch meinen umriss
auf dein dach trommeln würde
und
dass du ihm lauschen
und an mich denken
würdest
wie ich unter dir liege
und dem regen
lausche

wir werden

wir werden langsam
wir fallen zurück
wir gehen hinter uns her

endlich wärmt uns
die sonne im rücken

schenk mir ein wort
das ab dann nur mir gehört

im gedankensüden treibt
mein boot führerlos
als sei die sehnsucht verstummt

ich lausche:
nichts

nun sag schon
wie lautet mein wort?

gib die schuld

gib die schuld nur den möwen
aber lebst du so
wie du geliebt werden willst?
ja, ich habe ein seltsames
widerspruchsvolles herz
welches nicht weniger stur ist
als deines
und ich bleibe nicht hier
nur weil du das küste nennst
und warte, wenn sogar
das meer verschwunden bleibt
ich folge den vögeln
richtung süden
und halte nicht früher an
bis ich salz rieche

in der brombeerhecke

in der brombeerhecke.
sag ich deinen namen.
stumm. leise. laut.
sicheldünn lauscht der mond.
ich sammle schweigsam seine strahlen.

schläfst du schon?

der mond zieht weiter.
wartet nicht. auf
mich. dich. uns.
mein haar hängt.
in den ranken.

das leben

das leben tropft in mein versteck
ignorieren reicht nicht mehr aus

bei den untergestellten schüsseln
platzt die oberflächenspannung auf

an einigen stellen steht es sofort
knöcheltief

rede mir ein, das sei egal
bis zum hals ists noch weit
und lange beine habe ich auch

doch:
reaktion wird nötig
ertrinken ist noch lange keine option

öffne ein fenster
und schreie ins himmelblau:

"ich vermisse dich auch"

ich will

dass du nichts sagst
mich festhältst
mich einatmest

der code:
schweige einmal
für dich
und zweimal
für mich

dann komme ich zu dir
werde fliegen
bin sehnsuchtsgefiedert

dein schweigen

dein schatten fällt
auf meine gedanken
ich schaue zu dir
auf der suche
nach wahrheit
doch du verschwindest in mir
und ich versinke leise

traumvoll

traumvoll.
schließe ich
deine hand.
in ihr liegt
alles.
dass du
dir vorstellen
kannst.

in meiner
biegt steter
sommerwind
gräser und
gewohnheiten.

wir gönnen uns
langsamkeit.

irgendwann:
nennst du mich *anders*.
doch kennst du mich *ganz*.

haiku

durch kleine risse
bläst wind ins seelensegel
macht mich ruhelos

ich denke

ich denke das gestern
immer weiter ins morgen.
bis es anfängt zu regnen.
mein kleid hängt
wieder nass von der leine.
neben ihm
ein verpasster kuss.

rote wäscheklammern und
langsamkeiten.
scheinen sehr gesellig im wesen.

dich vermissen

dich vermissen
es nicht mehr tun
wieder und wieder

an die liebe glauben
es nicht mehr tun
wieder und wieder

schweren herzens
leichtmütig werden
später
leichten herzens
schwermütig werden

wieder und wieder

hoffnung aufgeben
um sie wieder zu finden

hoffnung suchen
um sie zu behalten

wieder und wieder

was ratsam scheint

1.
sanftmütig verrückt bleiben
und

2.
vorgegebene ordnungen bezweifeln

denn

3.1
tout à coup
ist alles wieder
ganz anders

3.2
immer wieder
und wieder

3.3
es gibt einfach
zu viele, dieser
tout à coups
in all unseren
kleinen leben

das licht

das licht umfasst alles

meine einsamkeit
deine worte
die zeit

jede spur von dir
die irgendwo in mir
geblieben ist

auch
diese frage:

ist ein herz tatsächlich
jemals frei
von jeglicher verwirrung?

wirf dich

wirf dich über bord.
tauche tief ein.
in das meer.
das mit all
seinen farben
doch immer nur
den himmel widerspiegelt.

näher
werden wir uns
nicht kommen.
in diesem einen leben.

ich muss

ich muss eine galaxie sein.

ganze lichtjahre bin ich entfernt.
von meinem herzen.

die glockenblumen

die glockenblumen blühen
und ich denke an dich
nein
nein, ich bin nicht allein
es fliegt gerade ein vogel vorbei

immer

immer muss ich
vor mich hindenken

viel zu schön
sind all die gespräche

die wir beide
in meinem kopf
miteinander führen

man sehnt sich

man sehnt sich.
nach etwas.
man kann es nicht
näher beschreiben.
aber man sehnt sich.
und sehnt sich.
und sehnt sich.

ruhig

ruhig und fast märchenhaft

dynamisch
bis zum großen finale

ergreifend.

auch langweilig
und sehr kompliziert.

das leben.

teil 3:

wellengang 0:
glatte see, keine wellen
windstärke 0

heute

heute beginnt das leben
auch gestern und morgen

wie fühlt sich wahrheit an
und wie das vergessen?

mit dem blau des himmels
in den haaren
und der weite der felder
im kopf

bleibe ich hier stehen
und warte

auf mich

nehme

nehme das erste wort
das mir in den
sinn kommt
und drücke es
an mich

umarme du

du

du kannst nichts vorgeben
bloß sein, wenn du schläfst.

so gerne beobachte
ich dich, wenn du
einfach nur bist.

weißt du aber

weißt du aber
was ich denke
was die hauptsache ist?
einfach, dass wir es leben
das leben

dass wir es
in die hand nehmen
und betrachten
nicht suchend
nur sehend

ja wirklich, ich denke
das hat es am liebsten
und weißt du was
ich außerdem denke:
wir auch

die nacht ist verschwunden

die nacht ist verschwunden
aber ich bin noch da

vor dem fenster lärmt
die vormittagswelt

die winterstille
hat noch nicht begonnen

die bettdecke reicht nicht
über den kopf und die füße

in mir langweilt sich die zärtlichkeit
und schreibt ein paar gedichte

in den morgen

heute nacht

saß ich mit bukowski
auf einem steg

er rauchte
ich hielt die füße ins wasser

er trank
ich legte den kopf in den nacken

er sagte kein wort
ich dachte kein wort

zufriedener hätten
wir zwei beide

gemeinsam

auf dem steg sitzend
nicht sein können

sich

sich
in den wind stellen.
und dort stehen bleiben.
einzig
die hoffnung zur stütze.
kopf und brust
hinfort wehen lassen.
finden
was man nie
gesucht hat. einander.

ich mag es

ich mag es, wenn du
neben mir schweigst,
als wärst du woanders.

dann stelle ich mir vor,
wie du woanders schweigst
und in gedanken bei mir bist.

tagelang

tagelang würde ich mit dir reden
&
nächtelang nur zuhören wollen

und wenn aus tagen
jahre würden

drückte ich ganz leise
deine hand

wir treffen uns

wir treffen uns wieder
südlich der zeit

eine handbreit
vor dem vergessen

wenn die winde
ruhiger und

wir anders und doch
gleich geblieben sind

ich werde

ich werde ruhig
und ich werde weit

werde

der baum hier vor dem fenster
all die auf und ab wiegenden äste

der vogel darauf
und der wind dazwischen

all das
was auf mich zukommt

das kleine
wie das große

all das
was ich (dir) sein
und nicht sein darf

manchmal

manchmal muss man
gedanken aufgeben

manchmal muss man
dinge aufgeben

manchmal muss man
menschen aufgeben

manchmal muss man
sich aufgeben

manchmal muss man
etwas aufgeben

nur um später dorthin
zurückkehren zu können

das weizenfeld

das weizenfeld steht hüfthoch.

es ist doch zu erwarten
dass alles
ganz anders kommt

und rauscht. verlockend im wind.

ein unterschied ob man
im geiste mit der hand
darüber streicht
oder mit nackten beinen
hindurch rennt

nur einmal. aus sich heraustreten.

nur das weizenfeld. sehen.

und möglicherweise
noch jemanden
der davor steht
und etwas
versonnen
aussieht

wenn mein haar

wenn mein haar
dein schweigen
streift

dann wird
ein leiser ton
entstehen

dem möchte ich
lauschen
irgendwann

ganz aufmerksam
die ganze nacht

nach

nach dem aufwachen
war die stadt
zwar noch da
doch der sommer
verschwunden

deshalb lass
uns fort gehen
lass uns zug fahren
und landschaften
schauen

wenn eine
für dich passt
steig ich mit aus
bis dahin:
erzähl mir von dir

wenn du nicht
reden magst
ist's auch ok
dann beobachte
ich einfach
das sonnenlicht
auf deinem gesicht

alles was ich heute machen sollte

alles was ich heute machen sollte
ist am fenster zu stehen
oder im grünen zu liegen
um in die ferne zu schauen

so lange
bis alles eins wird
bis ich mit den birkenblättern
im wind rausche
und mit den hyazinthen zu einem
kräftigen orange verschmelze

starre in den himmel über mir
bis ich
blaue schlieren in den wolken
hinterlasse
und die wolken meine augen
zu karamellbonbons färben

der tag

der tag wird müde
aber zärtlich
(wie ich)

knapp über
dem horizont
flimmert es golden

einige wolken
verfärben sich
(auch ich)

ein wort für
diese farben
habe ich nicht

wir schließen
die augen
und leuchten

(für dich)

vergangenes

vergangenes blau
blendet noch immer.

doch das vergessen
summt mir leise ein lied.

damit man sich selbst
nicht überdrüssig wird.
damit man sich selbst
nicht überflüssig wird.

nur
etwas zu zögerlich.
das bleibt man zumeist.

wortbäume

wortbäume wuchsen
aus deinem mund und schlugen
direkt wurzeln in mir

manchmal finde ich heute noch
blütenblätter in meiner brust
dann lächle ich leise

ich übe

ich übe geduld. mit mir.
wie auch der wind zärtlichkeit übt.
sanft wiegt er die blumen umher.

wir können auch anders.
aber wir üben.

spätherbst

spätherbst
fallen worte neben blätter

doch
kein satzende beschließt einen gedanken

irgendwo
sagt ein träumender leise uns auf

reiht
namen an namen

er
setzt deinen vor meinen

sehe
auf deinem rücken hängt laub

sehe

sehe in deinen augen
die stürmigkeit
des ganzen meeres.
tosend rollen sie
mit all ihren blautönen
an meinen küste.
liebe heißt liebe.
einfach weil sie so heißt.
unsicherheit ist kein zustand.
für die ewigkeit.

in meinem gedankenmeer

in meinem gedankenmeer
treibe ich, schlafend

wenn ich deine küste erreiche
wecke mich, sanft

vom schweigen und brüllen

vom schweigen und brüllen
von schönheit und traurigkeit

von dir
und mir

einfach
von allem und jedem

was
leise und laut

um die liebe kreist

davon rede ich

———————————

wenn ich
(vom suchen und finden)
erzähle

alles

alles was man nicht festhält
fliegt fort und verschwindet.

ich werfe satzleinen aus.
und setze wortanker.

damit ich
bleiben
kann.

weitere gedichte und texte sind unter
freitag-ist-rosa.tumblr.com
zu finden.